지은이 페르닐라 스탈펠트

1962년 스웨덴의 외레브로에서 태어났어요. 대학에서 문화학과 예술학을 공부한 뒤에 박물관에서 어린이들에게 현대미술을 가르치는 일을 했습니다. 1997년부터 그림책 작가로 활동하면서 《죽으면 어떻게 돼요?》,《세상으로 나온 똥》,《두들겨 패 줄 거야!》 등 많은 그림책을 쓰고 그려서 엘사 베스코브상 등의 어린이문학상을 받았어요. 2004년에는 동화책 《삐삐 롱스타킹》을 쓴 작가 아스트리드 린드그렌 재단에서 수여하는 아동문학상인 아스트리드 린드그렌상을 받았습니다.

옮긴이 홍재웅

스웨덴의 스톡홀름대학교에서 공부하고 문학 박사 학위를 받았어요. 지금은 한국외국어대학교에서 스웨덴어를 가르치고 있습니다. 스웨덴, 노르웨이, 덴마크 문학 작품들을 우리말로 옮겨서 책과 연극으로 북유럽 문화를 한국에 알리는 일에 힘 쏟고 있어요. 《질문의 책》,《오줌에 관한 책》,《안톤, 난 네가 좋아!》 들을 우리말로 옮겼어요.

처음 철학 그림책 〈옛날과 지금〉 | 옛날과 지금에 관한 책

초판 1쇄 발행 2023년 10월 10일
지은이 페르닐라 스탈펠트
옮긴이 홍재웅
펴낸이 송영민
펴낸곳 시금치
디자인 달뜸창작실
교정 교열 한지연
펴낸곳 시금치 | 주소 서울시 마포구 잔다리로7길 18, 502호
전화 02-725-9401 | 팩시밀리 0303-0959-9403 | 전자우편 7259401@naver.com
출판신고: 출판 신고 제2019-000104호
ISBN 979-11-93086-03-2 74100
　　　978-89-92371-22-3(세트)74100

FÖRR OCH NU-BOKEN by PERNILLA STALFELT
Text & illustrations © Pernilla Stalfelt
First published by Rabén & Sjögren, Sweden, in 2022
All rights reserved.
The Korean language edition is published by arrangement with Raben&Sjögren Agency,
Sweden through MOMO Agency, Seoul.

이 책의 한국어판 저작권은 모모 에이전시를 통해 Raben&Sjögren Agency 사와의 독점 계약으로 '도서출판 시금치'에 있습니다.
저작권법에 의해 한국 내에서 보호를 받는 저작물이므로 무단전재와 무단복제를 금합니다.

이 책은 〈스웨덴 예술위원회(Swedish Arts Council)〉가 선정해 지원하는 〈스웨덴의 좋은 책 번역비 보조사업〉의 선정작입니다.

어린이 제품 안전특별법에 의한 제품 표시 | 제품명 옛날과 지금에 관한 책 | 제조국명 대한민국 | 제조자명 도서출판 시금치
전화번호 02-725-9401 | 주소 서울시 마포구 잔다리로7길 18, 502호 | 제조년월일 2023년 10월 10일 | 사용연령 36개월 이상

- 값은 뒤표지에 있습니다.
- 잘못 만들어진 책은 구입하신 서점에서 바꾸어 드립니다.

처음 철학 그림책
...
역사

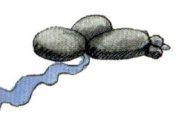

옛날과 지금에 관한 책

페르닐라 스탈펠트 글·그림 | 홍재웅 옮김

시금치

역사 =

발자취, 기록, 학문 분야

지금보다 앞선 시간에 일어난 모든 일과 자연 현상,
인간 활동을 연구하는 학문이자 기록을 말한다.

'옛날'이라고 하면 예를 들어, 100년 전이나 1000년 전이겠지.

우리보다 먼저 살던 사람들이 많이 있었어. 그 사람들이 바로 우리의 '역사'야.

앞으로도 사람들은 계속 태어날 거야. 바로 미래에 살게 될 사람들이겠지.

지금은 어떻고 옛날엔 어땠는지 생각해 보는 건 재미있어.

옛날에 이랬을 모습을 상상해 봐!

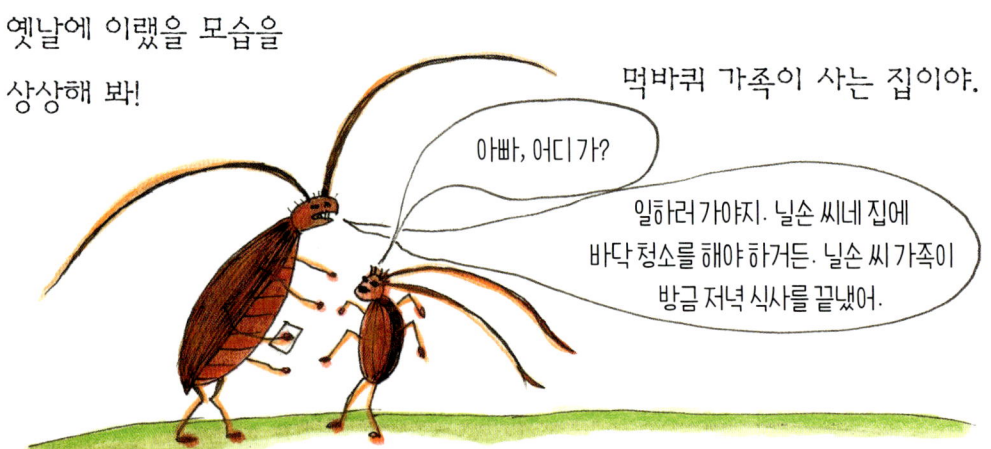

바퀴벌레들은 오래된 음식 찌꺼기를 먹어 치워.

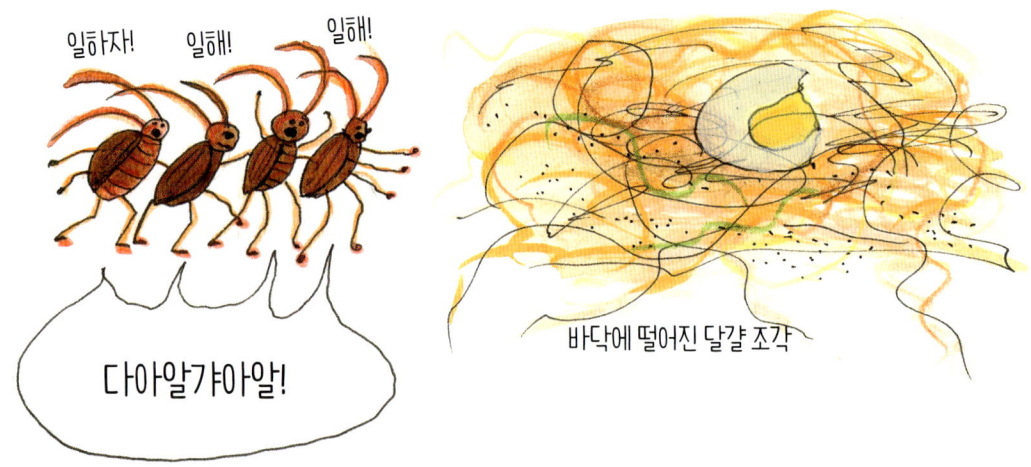

옛날에는 대부분 비좁게 살았어. 방 하나에서 열두 명은 함께 지냈을 거야. 어떻게 다 들어갈 수 있었을까?

모두 꼭 붙어서 복작복작 지냈어.

지금은 대부분 자기 방이 있을 거야.

자기 이불과 베개가 있는 잠자리에서 잠을 잘 테지?

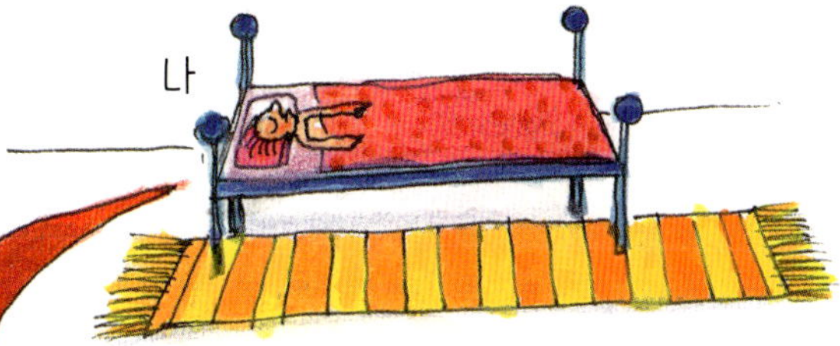

옛날엔 침대 하나에서 여럿이 잤어.
아마도 넷? 어쩌면 더 많이.
서로 따뜻한 체온을 나누면서!

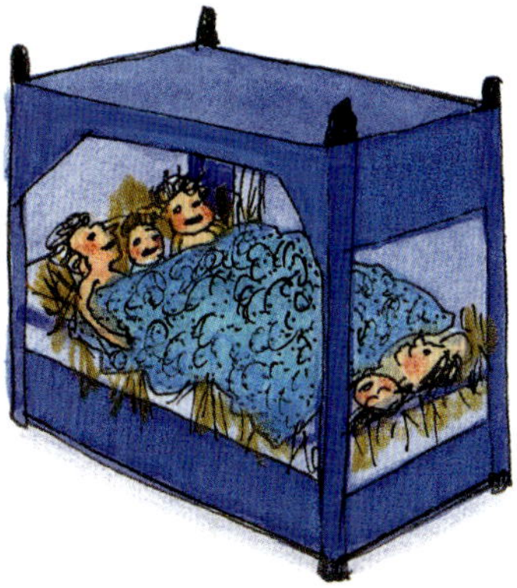

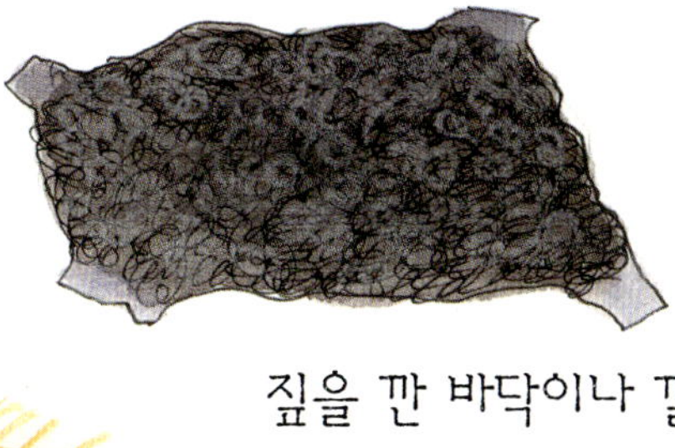

짚을 깐 바닥이나 깔개 위에서
양털이나 솜을 바늘로
꿰맨 이불을 덮고 말이야.

옛날엔 따뜻한 침대에서 이(사람의 몸에서 피를 빨아 먹는 곤충)도 잘 살았어. 먹을 게 많아서지. 바로 사람의 피. 이와 함께 보내는 밤, 사람들은 가려워 죽을 지경이었어!

이를 없애려고 침대에 넓은 판을 깔기도 했어. 판에 구멍을 내서 이가 빠지게 만든 거야. 잡힌 이들은 판을 들고 나가 버리거나 불 속에 털어 넣었대.

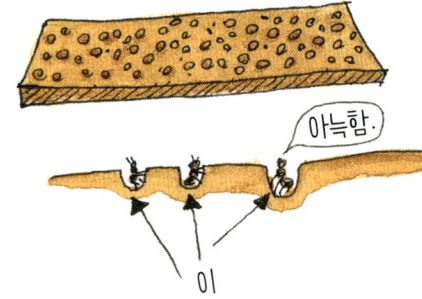

몸은 어떻게 씻었을까?

요즘은 매일 목욕을 할 수 있어.

목욕 비누

쏴아아아

수도꼭지에서 물이 나와. 뜨거운 물도, 차가운 물도.

옛날에 스웨덴에서는 토요일에만 씻었대.

토요일은 거짓말쟁이들이 거짓말을 하는 날이라서 토요일에 거짓말을 씻어 내야 한다고 생각했던 거야. 씻으면 거짓말이 사라진다고 믿었지.

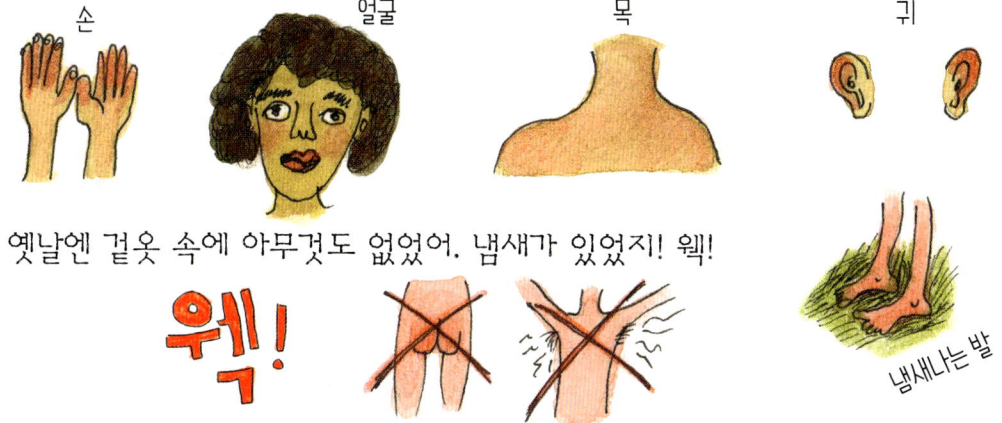

옛날엔 겉옷 속에 아무것도 없었어. 냄새가 있었지! 웩!

옛날 사람들은 목욕도 1년에 몇 번만 했어. 먼저 아빠나 어른이 씻고 나면, 나머지 가족들이 그 물에 차례로 목욕을 했대.

지금은 세탁기로 빨래를 하잖아.

세탁기 돌리기

말리기

빨랫감

세탁비누

옛날에는 개미들도 청소를 도왔어.

개미탑

냠냠.

양가죽 이불

맛있어.

개미집 위에 이불을 올려놨어.
이불에는 개미가 먹을 것이
아주 풍부했거든.

얇은 천은 냄비에 삶아서 빨기도 했어.
그러고 나서 호수나 강에 가져가서 헹궜지.

쓱쓱 쓱쓱 쓱쓱

얼룩 빼는 중

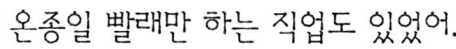
온종일 빨래만 하는 직업도 있었어.

요즘은 부엌에 냉장고가 없는 집은 없잖아.

옛날에는 얼음을 보관하는 상자가 냉장고를 대신했어. 집집마다 전기가 없었으니까. 그래서 얼음을 파는 사람들이 있었어.

장에 얼음과 함께 음식을 넣어 두었어. 얼음 장은 주로 현관문 옆에 두었지.

중세 이후 음식을 시원하게 보관하기 위해서 지하 저장고(석빙고)를 사용했어. 그곳 온도는 늘 7~8도를 유지했어. 지하 저장고는 요즘도 볼 수 있어!

전기를 쓰기 전에는
어땠을까?
옛날에는 어두운 곳에서
어떻게 보았지?

난 양초에 불을 붙여.

꿀벌의 밀랍으로 만든 양초

한 가지 방법은 거울 앞에서 초를 켜는 거였어.
빛이 거울에 반사되었거든. 방이 훨씬 밝아져.

그다음엔 호롱불이 나왔어.
호롱불은 촛불보다
빛이 강하고 밝았어.

호롱불(등잔불)

등유

뭐든 보려면 책상 앞에 모여 앉아야 했어.
등유가 비쌌거든.

지금은 전등을 한꺼번에 여러 개도 켤 수 있고, 전기 기타에도…

그리고 배기가스가 없는 전기 차도 운전할 수 있어!

미래의 전등은 어떻게 생겼을 것 같니? 어쩌면 공중을 자유롭게 떠다닐지도 몰라.

요즘은 어디론가 가고 싶을 때, 자동차나 자전거…

…기차를 타지만,

한 1000년 전쯤, 아주 옛날에는 걸어야 했어. 아주 먼 길을 말이야.

말을 타면 좀 더 빨리 갈 수 있었겠지?

소식을 전할 때는 편지를 보냈어.

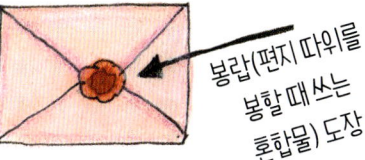

말을 탄 전령들 편이나,

비둘기 편에 보냈지.
편지를 비둘기 다리에 돌돌 말아 매달았어.

안녕, 좀 어때? 이제 나아졌어?

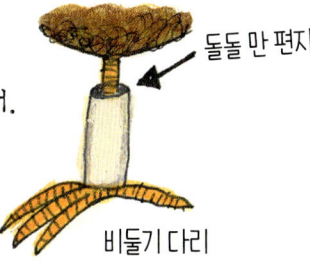

옛날 사람들은 옷을 어디에서 구했을까?

먼저 양털을 깎아. 그다음엔 실을 잣고, 그 실로 천을 짜고, 마지막에 옷을 만들었어.

이제 옷을 입을 수 있어.
대부분 윗옷과 아래옷 정도만 입었을 거야.

옷이 낡으면 천 조각을 덧대서 기웠어.

누더기라고 해.

지금은 가게에서 그리고 인터넷으로도 옷을 살 수 있어.
벼룩시장에서는 싸게 살 수도 있지. 다양한 옷과 신발이 가득해.

바지도 다양하게 고를 수 있어.

바지는 몇 벌이 있으면 좋을까?

그리고 신발은 몇 켤레…?

아마 옛날 사람들은 대부분 신발도 한 켤레만 가지고 있었을 거야.

중세에는 가죽 한 장으로 끈이 달린 가죽 신발을 만들었어.
때때로 멀리, 아주 멀리까지 걸어서 가야만 했지. 버스가 없었으니까.

중세의 신발

타조 모자

신발 멋지다!

타조 모자는 바람이 차가울 때 후드를 목도리처럼 목에 두를 수 있어서 좋았어.

많은 사람들이 신발 없이 맨발로 다녔지.

미래의 인간

바이오가스

미래엔 바이오가스 신발을 신고 날아다닐지도 몰라.

요즘엔 언제 어디서나 전화로 대화할 수 있잖아.

2000년대

이동 통신 탑

안녕? 나 나이마야.

스마트 폰이야?

그런데 전화가 생겨나기 전에는 어땠을까?

아마도 편지를 보냈겠지?

커피 있어요?

이웃집을 찾아간 예스타

아침 빵

보내는 사람: 니세 스틱손

아니면 이야기를 나누려고 누군가의 집으로 가거나 했을 거야.
그러곤 함께 차와 주스를 마시며 도란도란 이야기했겠지.

똑 똑 똑

가장 처음 선보인 전화기는 집과 전화기의 선이 연결되어야만 했어.
집에 있을 때만 전화를 쓸 수 있었지.

그러다가 자동 응답기가 발명되었어.
그러면 집에 없을 때 걸려 온 전화를
알 수 있었단다.

우리도 옛날에는 엄마 배 속에만 있었지만,

엄마
나
여덟살 나

지금은 혼자 장을 보러 갈 수도 있어. 장 보러 간 적 있니?

요즘에는 마트에 가면 없는 게 없을 정도야.

옛날에는 먹을 것이 별로 없었어.

옛날 사람들은 사냥으로 고기를 얻고, 돼지를 키워서 소시지와 햄을 직접 만들었어.

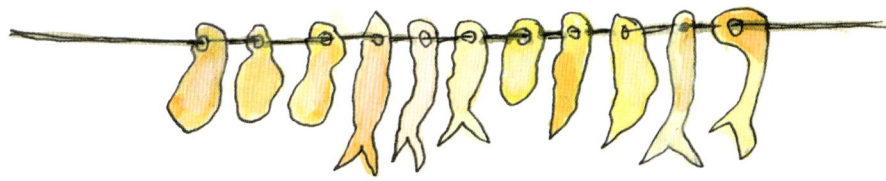

바다나 호수에서는 물고기를 잡았어. 잡은 생선은 말려서 보관해 두었다가
나중에 먹기도 했어. 청어 같은 생선은 큰 통에 담아 소금에 절여 두기도 했어.

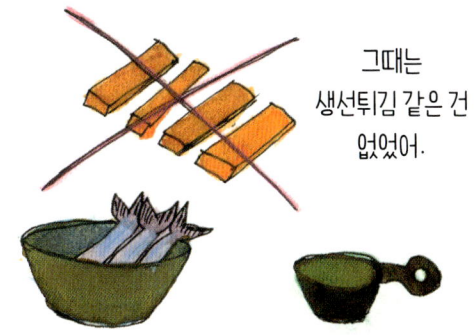

그때는 생선튀김 같은 건 없었어.

1861년 어느 집의 밥상
보리빵
버터
소금에 절인 청어
치즈
말린 고기
요구르트

맛있어!

숟가락과 그릇도 나무로 만들었고, 집에 있는 재료로 요리했어.
예를 들면, 케일이나 당근처럼 자기가 직접 농사지은 것들 말이야.

오래전 18세기에도
이미 유명한 요리책들이 있었어.

내가 길러서 요리한 음식이에요.

옛날엔 설탕이 귀해서 많이 먹지 못했어. 칫솔도 없을 때라
참 다행스러운 일이었지 뭐야.
3000년 전에는 솔처럼 생긴 나뭇가지로 이를 닦았어.

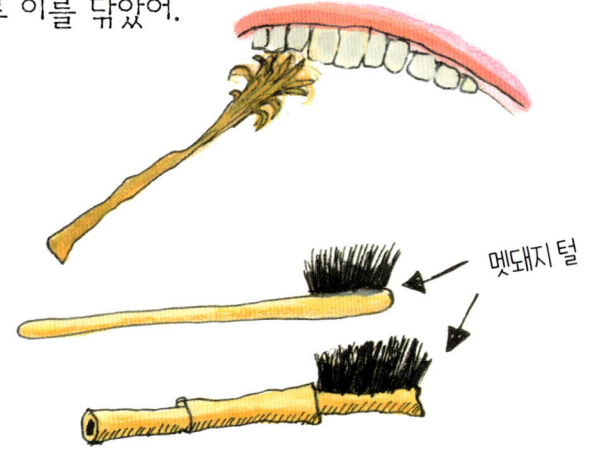

중국에서는 동물의 뼈나 대나무에
멧돼지 털을 붙여 만든 칫솔을 썼대.

프랑스에는 깃털로 만든 칫솔도 있었어.
옛날에는 부자들만 칫솔을 살 수 있었지.

난 아늑한 치아 속에서 지내는게 좋아. 그리고 어떤 솔에도 안 쓸려갈거야.

옛날 사람들은 구멍이 난 치아에
벌레가 들어갔다고 믿었어.

지금은 눈에 보이지 않는 세균과 설탕이 치아에 구멍을 낸다는 걸 누구나 알지.

옛날에는 손님에게만 대접하는 음식이 있었어. 대부분 돈이 많이 드는 귀한 것들이었어. 좋아하는 사람들을 위한 음식이었지.

지금은 누구나 특별한 날엔 특별한 음식을 먹어.

금요일마다 또는 주말마다 좋아하는 음식을 먹으며 편안한 시간을 보내기도 해. 다 함께 팝콘을 먹으면서 텔레비전을 보기도 하지.

하지만 텔레비전과 컴퓨터가 없던 옛날 사람들은 무엇을 했을까?

소리 내어 책을 읽거나, 모닥불 가까이에 둘러앉아 함께 이야기를 나누기도 했어. 아늑하게!